Thassos

Reisehandbuch

Karsten-Thilo Raab
Ulrike Katrin Peters

Westflügel Verlag

Bibliografische Information der Deutschen Bibliothek:
Die Deutsche Bibliothek verzeichnet diese Publikation in der Deutschen Nationalbibliografie; detaillierte bibliografische Daten sind im Internet über http://dnb.ddb.de abrufbar.

Impressum

ISBN: 978-3-939408-13-0
Text: Karsten-Thilo Raab, Ulrike Katrin Peters
Lektorat:: Christiane Schröter-Nguyen
Layout: Ulrike Katrin Peters

Liebe Leserinnen und Leser,
wir freuen uns, Ihre Meinung zu diesem Reiseführer zu erfahren.
Bitte senden Sie Ergänzungsvorschläge, Anregungen und Korrekturvorschläge an den

Westflügel Verlag, Lotharstraße 1, 45131 Essen.
Weitere Informationen zum aktuellen Verlagsprogramm finden Sie im Internet unter:
www.westfluegel-verlag.de

LIFEJACKET

Inhaltsverzeichnis

Vorwort......6

Teil 1 – Land und Leute

Der Name der Insel......8
Lage......8
Geografie......8
Flora und Fauna......9
Klima......10
Wirtschaft......10
Steckbrief......11
Geschichte im Zeitraffer......12
Essen und Trinken......14
Strände......14
Sport und Freizeit......16
Radfahren......16
Reiten......16
Wandern......17

Teil 2 – Unterwegs auf Thassos

Thassos-Stadt......21
Agios Georgios......24
Aliki......24
Archangelou......25
Astris......26
Kalivia......26
Kallirachi......26
Kastro......27
Kazavati......29
Kimesis Tis Theotokou......31
Kinira......31
Klisma......31
Limenaria......32
Makryammos......32
Maries......35
Megalo Kasaviti......35
Mikro Kasaviti......36
Neos Prinos......36
Pachis......36
Panagia......36
Pefkari......39
Potamia......40
Potos......40
Prinos......41
Rachoni......41
Skala Kallirachis......42
Skala Marion......43
Skala Panagia......43
Skala Potamia......43
Skala Prinos......44
Skala Rachoni......47
Skala Sotiras......49
Sotiros......49
Theologos......50
Thimonia......51
Tripiti......51

Teil 3 – Informationen von A-Z

Allgemeine Informationen......54

Teil 4 - Anhang

Sprachhilfe......61
Register......62
Bildnachweis......61
Über die Autoren......61

Vorwort

Griechenlands nördlichste Insel ist von den Göttern nicht nur durch reichlich Sonnenschein und schöne Strände gesegnet, sondern besticht im Gegensatz zu vielen anderen Inseln der nördlichen Ägäis durch riesige Waldgebiete und üppige Olivenhaine, die dem Eiland zu Recht den Beinamen Smaragd-Insel einbrachten. So sehr die Insel auch vom Tourismus abhängig ist, so sehr wartet sie noch immer mit vielen wenig frequentierten Badebuchten, einsamen Strandabschnitten und verträumten Bergdörfern auf, in denen die Zeit still zu stehen scheint.

Dabei ist Thassos beileibe nicht nur ein Paradies für Erholungssuchende, Sonnenanbeter, Sandburgenbauer und Familien. Auch Naturliebhaber kommen insbesondere in der Bergwelt im Landesinneren voll auf ihre Kosten. Für die bisweilen großen Mühen des Weges werden Wanderer und Mountainbiker mit einer faszinierenden Flora und Fauna, vor allem aber auch mit atemberaubenden Blicken auf das stahlblaue Meer rund um Thassos belohnt.

Kultur- und Geschichtsbeflissene lassen sich von den zahlreichen antiken Ausgrabungsstätten insbeson dere in und um die Inselhauptstadt Limenas in ihren Bann ziehen. Überhaupt präsentiert sich die Kapitale mit ihrem alten und neuen Hafen, mit ihrer charmanten Fußgängerzone, den vielen steinernen Zeugen einer langen, bewegten Geschichte und mit ihren Geschäften, Tavernen, Cafés und Restaurants als lebendiges Zentrum der Insel – blitzsauber und mit zahlreichen Prachtbauten sowie historischen Stätten gesegnet. Vor allem hier und in Limenaria, der zweitgrößten Stadt der Insel, haben Feierlustige und Tanzfreudige in Diskotheken, Clubs und Bars die Qual der Wahl.

Kurzum, Thassos ist eine Ferieninsel, die nichts vermissen lässt. Entsprechend breit gefächert ist auch das Spektrum an Unterkünften, das von einfachen Pensionen mit Familienanschluss bis hin zum modernen Fünf-Sterne-Komplex reicht. Eine Insel voller Geschichte und Geschichten, aber auch voller Erholungsmöglichkeiten und mit einer Vielzahl an Freizeitaktivitäten, die nicht nur wegen Sonne, Strand und Meer, sondern vor allem auch wegen der großen Gastfreundschaft der Insulaner geschätzt wird.

Badeidylle am Strand vom Makryammos.

Teil 1 – Land und Leute

Der Name der Insel

Die Geschichtsbücher dokumentieren, dass es die Phönizier waren, die sich im Jahre 166 vor Christus auf der Insel niederließen und sie auf den Namen Thassos tauften. Darf man jedoch den Legenden um Göttervater Zeus aus der griechischen Mythologie Glauben schenken, so verdankt Griechenlands nördlichste Insel ihren Namen den Liebesabenteuern des Zeus. Dieser hatte sich in die schöne Europa, die Tochter des Phöniezer-Königs Aginoras, verliebt. Zeus verwandelte sich zur Tarnung in einen Stier und raubte Europa, um sie nach Kreta zubringen. Kaum hatte Aginoras den tragischen Verlust seiner Tochter bemerkt, sandte er seinen Sohn Thassos aus, um Europa zu suchen. Nachdem Thassos jahrelang vergeblich die Ägäis auf der Suche nach Europa durchsucht hatte, resignierte er schließlich, wohl wissend, ohne Europa nicht in seine Heimat zurückkehren zu können. Und so entschloss er sich, sich gemeinsam mit seiner Gefolgschaft auf der nördlichsten Ägäisinsel niederzulassen, die er auch nach sich selbst benannte.

Lage

Als nördlichste Insel Griechenlands liegt Thassos rund acht Kilometer von der makedonischen Küste entfernt und ist Teil der Nordostägäischen Inseln. Die Insel erstreckt sich über eine Fläche von 390 Quadratkilometern. Damit ist Thassos die zwölftgrößte griechische Insel. Die Küste der fast runden Insel misst gut 110 Kilometer. Zu Thassos gehören auch die unbewohnte Insel Kinira, auf der es keinerlei Süßwasservorkommen gibt, dafür aber einen 400 Meter langen Sand-Kieselstrand, sowie Thasopoulo im Norden und Panagia im Süden. Verwaltungstechnisch ist Thassos, dessen gleichnamige Hauptstadt sich im Nordosten der Insel befindet, Teil des makedonischen Regierungsbezirks Kavala und besteht aus elf Ortschaften.

Geografie

Die Insel wird von einer von Nordwesten nach Südwesten verlaufenden Gebirgskette mit gleich fünf Gipfeln über 1.000 Metern über dem Meeresspiegel durchzogen und weist hier fast schon einen alpinen Charakter auf. Der höchste Berg ist der Ipsarion mit 1.204 Metern gefolgt vom Ilias mit 1.106 Metern. Im Insel-Inneren finden sich fruchtbare Täler und dicht

Die gute griechische Küche ist Teil der Lebensqualität für Urlauber und Einheimische.

bewachsene Schluchten, die von kleinen Bächen und Flüssen durchzogen sind. Zwischen den Bergen und der Küstenlinie erstrecken sich viele kleine Ebenen wie Kazavati, in denen Wein und Oliven angebaut werden.

Flora und Fauna

Nicht von ungefähr wird Thassos gerne als „grüner Smaragd" bezeichnet. Das gemäßigte Klima und der große Wasserreichtum der Insel sorgen für ideale Wachstumsbedingungen für Tiere und Pflanzen. Die in den sommertrockenen Subtropen gelegene Insel ist dicht bewachsen mit Pinien-, Kiefern-, Platanen- und Eichenwäldern, die teilweise bis an die Küste reichen. Häufig anzufinden ist auch der Ficus Benjaminus. In einigen Teilen der Insel wird Wein angebaut. Auch Getreide, Obst und Gemüse. Vor allem Tomaten, Oliven, Melonen, Aprikosen, Pfirsiche und Zitrusfrüchte gedeihen auf Thassos. Die felsigen Teile der Insel sind mit Ginster oder Dornbusch bewachsen. In deren Schutz gedeihen Kräuter wie Rosmarin, Salbei, Thymian und Oregano.

Größere frei lebende Tierarten sind auf Thassos nicht zuhause. Am häufigsten kommen Eidechsen, Geckos und kleine Salamander vor. Auch einige – meist ungiftige – Schlangen-

arten wie das Blödauge oder die Springnatter sind hier heimisch. Häufig sind diese nahe Steinhaufen und Ruinen zu finden. In der Regel ziehen sich die Schlangen zurück, sobald sich der Mensch ihnen nähert. In den Bergen sind häufig Schildkröten anzutreffen. Zudem wimmelt es vielerorts an Bienen, die sich in den Kieferwäldern und an den vielen Feldblumen laben. Mehr als 200 Vogelarten sind je nach Jahreszeit auf Thassos anzutreffen.

Klima

Thassos liegt in den sommertrockenen Subtropen. Kennzeichen des Klimas auf der Insel sind heiße, trockene Sommer, aber auch stürmische Herbsttage und regenreiche Winter. Schneefall ist eher selten.

Wirtschaft

Wichtigste Einnahmequelle ist der Tourismus. Etwa 70 Prozent der Bevölkerung lebt heute direkt oder indirekt vom Tourismus. Dabei kommen die größten Urlaubergruppen aus Deutschland und England. Auch bei Russen und Italienern ist das Eiland überaus beliebt. Landwirtschaft und Fischfang spielen heute nur eine kleine Rolle, obschon insbesondere in den Bergregionen um Theologos, Panagia und Potamia noch immer einige Ziegen- und Schafzüchter leben und täglich einige Hundert Fischerboote auslaufen. Bekannt ist die Insel für ihre Honigprodukte und ihr Olivenöl, gilt Thassos doch als zweitgrößter Produzent des aus dem Fruchtfleisch und aus dem Kern von Oliven gepressten Pflanzenöls in Nordgriechenland. Rund eine Million Olivenbäume gibt es auf Thassos. Deren Ernte bringt jährlich mehr als 1.300 Tonnen Speiseoliven und fast 2.000 Tonnen Olivenöl. Insgesamt werden etwa 20 Prozent der Inselfläche landwirtschaftlich genutzt. Daneben gibt es eine Reihe von Familienbetrieben, die Webwaren, Ledererzeugnisse und Keramikprodukte fertigen. Nennenswerte Industrieunternehmen gibt es keine, sieht man einmal von den Steinbrüchen der Insel ab, wo feiner weißer Marmor abgebaut wird. Jährlich werden mehr als 60.000 Kubikmeter Marmor gebrochen. Der Marmor aus Thassos genoss schon in der Antike einen exzellenten Ruf. Unter anderem wurde er für den Bau der Hagia Sophia in Kostantinopel, dem heutigen Istanbul, verwandt. Wer ein Beispiel eines antiken Marmorsteinbruchs sucht, sollte nach Aliki fahren. Ein moderner Steinbruch findet sich knapp einen Kilometer außerhalb von Limenas.

Steckbrief

Fläche:	390 Quadratkilometer
Küstenlänge:	110 Kilometer
Einwohnerzahl:	ca. 16.000
Bevölkerungsdichte:	41 Einwohner/Quadratkilometer
Religion:	97 Prozent griechisch-orthodox
Höchste Erhebung:	Ipsarion (1.204 Meter)
Hauptort:	Thassos-Stadt (3.500 Einwohner)

Wanderer können auf Thassos sozusagen von der Hand in den Mund leben: z.B. von Granatäpfeln.

Geschichte im Zeitraffer

680 v. Chr. – Bewohner von Paros und Samothraki besiedeln die Insel.

491 v. Chr. – Die Perser besetzen die Insel.

431-404 v. Chr. – Während des Peleponnesischen Krieges wird die Insel mehrmals von den Truppen aus Athen und Sparta besetzt.

197 v. Chr. - Römer erobern die Insel.

166 v. Chr. – Phönizier lassen sich auf der Insel nieder und taufen sie auf den Namen Thassos.

565 – Araber erobern Thassos, das jedoch von den Herakliten wieder befreit wird.

7. Jahrhundert – Die Insel wird immer wieder von Piraten angegriffen und geplündert.

900 – Thassos kommt für rund 70 Jahre unter die Kontrolle der Sarakener.

1161 – Französische Truppen plündern die Insel und versklaven viele Einwohner.

1204 – Thassos wird Teil des Königreichs Thessaloniki.

1307 – Thassos gelangt unter die Kontrolle der Venezianer.

1449 – Die Türken werden Herrscher über Thassos.

1459 – Thassos gelangt abermals unter die Kontrolle der Venezianer.

1479 – Nach Ende des türkisch-venezianischen Krieges wird Thassos erneut türkisch.

17. Jahrhundert – Sich häufende Überfälle durch Piraten führen dazu, dass viele Ortschaften ins Inselinnere verlegt werden.

1770 – Nach der Niederlage der Türken in der Seeschlacht bei Cesmé gelangt Thassos unter russische Kontrolle.

1774 – Binnen vier Jahren fällen die Russen fast 17.000 Bäume auf Thassos für den Schiffsbau.

1774 – Gemäß Friedensabkommen von Kücük Kaynarca wird Thassos wieder türkisch.

1813 – Ägypter übernehmen die Kontrolle auf Thassos.

1821 – Beginn der Unabhängigkeitsbewegung.

1902 – Ende der ägyptischen Oberhoheit. Thassos wird abermals Teil des türkischen Reiches.

1912 – Thassos wird von einem griechischen Flottenverband unter Admiral Kountouriotis von der Türkenherrschaft befreit.

1913 – Thassos wird durch den Vertrag von Bukarest offiziell Teil Griechenlands.

1922 - Flüchtlinge aus Kleinasien lassen sich in Limenas undLimenaria nieder.

1960 – Vor der Küste von Thassos werden Ölquellen entdeckt.

Essen und Trinken

Die griechische Küche gilt als geschmackvoll, vielseitig und gesund, da das Gros der Speisen mit kalt gepresstem Olivenöl zubereitet wird. Für den Geschmack sorgen häufig Oregano, Petersilie, Dill und Zitrone. Zu den typischen griechischen Speisen zählen Moussaka, ein Auflauf mit Auberginen, Hackfleisch und Bechamelsauce, und Dolmades, mit Reis gefüllte Weinblätter. Auch Tsatziki, ein Joghurt mit Knoblauch und Gurken, Choriatiki, der berühmte griechische Bauernsalat, und Souvlaki (Fleischspieße), Brisoles (Kotelett) sowie Keftedes (Fleischbällchen) fehlen auf kaum einer Speisekarte. Ganz oben auf der Beliebtheitsskala steht ebenso Bekri meze, eine Art Schweinegulasch in einer Paprikasauce, und Stifado, ein Rinder- oder Kaninchengulasch in einer Tomaten-Zimt-Sauce. Fischgerichte wie Oktopodi (Tintenfisch), Kalamaraki (frittierter Tintenfisch), Astakos (Hummer), Garides (Garnelen), Marides (gebackene Sardellen) und Merluza (Seehecht) runden das reichhaltige Angebot ab. Beliebtestes Getränk ist neben Bier (Bira) der Wein. Zwar wird auf Thassos noch immer ein wenig Weinbau betrieben, doch das Gros davon ist für den Eigenbedarf. Gleichwohl sind hier hervorragende griechische Weine, in der Landessprache „Krasi", erhältlich. Zu den beliebtesten gehören Minos, Kava, Lato und Gortys sowie der geharzte Retsína. Bekanntester Schnaps ist der mit Anis versetzte Quzo, der häufig mit Wasser (Nero) und Eis serviert wird. Von den zahlreichen Weinbrandmarken ist Metaxa die bekannteste.

Strände

Thassos verfügt über eine Reihe schöner Strände, die sich fast alle durch kristallklares, türkisblaues Wasser auszeichnen. Wegen seiner Sauberkeit ist Makryammos mit der blauen EU-Flagge ausgezeichnet, während der Golden Beach mit einer Länge von 3,5 Kilometern zu den größten der Insel gehört. Ein offener Geheimtipp für Schnorchler ist die kleine Bucht von Kekes, während der flach abfallende Psili Ammos Strand zwischen Potos und Astris zu den beliebtesten im Süden der Insel zählt. Potos nennt einen knapp zwei Kilometer langen Kiesstrand sein eigen, während Pefkari mit einem 200 Meter langen Sandstrand am Ortsrand aufwartet. Weniger schön ist der schmale, von Steinen und Kieseln durchsetzte Strand in Limenaria. Kieselstrände finden sich auch in Skala Prinou und Skala Rachoni. Das nahe Skala Racho-

Einladende Gastlichkeit allerorten. Wer nach Thassos reist, kommt sicher noch einmal wieder.

FISH & MEAT
GREEK SPECIALTIES
VEGETARIAN MENU
PASTA - PIZZA
Greek Plate
Mixed Grill
Swordfish
Black Snapper
Grilled Shrimps
Lobster Pasta
Lobster ala Chef
Gyros
Mousaka
Stifado
Chicken
Lamb
Spare Ribs
Lobster
Octopus
Mussels Saganaki

ni gelegene Glifoneri entpuppt sich als kleine sandige Bucht mit türkisblauem Wasser. Zu den schönsten Badeplätzen der Insel zählen auch die Strände der Halbinsel Aliki sowie die Lagune von Giola. Diese ist wie ein Pool in den Fels gewaschen und besticht durch herrlich warmes Wasser. Am Paradise Beach bei Kinira finden sich auch zahlreiche Nacktbader, obschon FKK in Griechenland offiziell verboten ist.

Generell sollten Badegäste auf ausreichenden Sonnenschutz mit hohem Lichtschutzfaktor achten. Aufgrund des nahezu ständig wehenden Windes werden die Temperaturen und die Gefahren der Sonneneinstrahlung auf Thassos schnell unterschätzt. Schattige Plätze finden sich an fast allen Stränden. Und außerdem stehen Sonnenschirme gegen eine geringe Gebühr zur Ausleihe bereit.

Sport und Freizeit

Das Sport- und Freizeitangebot auf Thassos ist breit gefächert. An erster Stelle stehen natürlich die vielfältigen Wassersportmöglichkeiten. An nahezu allen größeren Strandabschnitten kann getaucht und geschnorchelt werden. In den größeren Touristenorten bieten professionelle Unternehmen Tauchschnupperkurse in Hotelpools sowie Tauchexkursionen unter fachkundiger Anleitung in der Ägäis an. Auch Windsurfen (vornehmlich am Golden Beach und in Skala Rachoni), Paragliding (vornehmlich in Skala Rachoni), Wasser- und Jetski, gehören zum Standardangebot an den Stränden der Insel. Natürlich lassen sich auch Motor- und Segelboote mieten.

Radfahren

Leihfahrräder sind in vielen Hotels und in allen Urlaubsorten gegen ein geringes Entgelt erhältlich. Allerdings stehen auf Thassos keine ausgewiesenen Radwege zur Verfügung. Bei Fahrten auf den Straßen der Insel ist daher besondere Vorsicht geboten. Aufgrund der vielen Steigungen und zahlreicher Serpentinen ist Radfahren nur trainierten Radsportenthusiasten zu empfehlen. Wegen der intensiven Sonnenstrahlung sollte auf keinen Fall vergessen werden, vor Fahrtantritt Sonnenschutzcremes mit hohem Lichtschutzfaktor aufzutragen. Für Mountainbiker bietet Thassos zahlreiche Fahrmöglichkeiten im Inselinneren, wobei die Strecken oft nur spärlich ausgeschildert sind. Unter ◉ www.mtb-thassos.com können online verschiedene Routenpläne für Mountainbiker ausgedruckt werden.

Reiten

Wer möchte, kann Teile von Thassos hoch zu Ross erkunden. Geführte Reitausflüge auf den umliegenden Berg-

Die Insel bietet hervorragende Möglichkeiten für Ausritte..

pfaden und in den Küstenregionen bieten der Pegasus Reiterhof in Theologos sowie der Thassos Horse Club in Skala Prinos an. Wobei Letzterer auch Ausritte am Strand sowie Schwimmen mit den Pferden im Meer im Angebot hat, während auf dem Reiterhof Pegasus auch therapeutisches Reiten sowie Reiterferien möglich sind.

ⓘ Reiterhof Pegasus, Theologos, 64005 Thassos, Telefon 31475, ◉ www.pegasus-reiterhof.com

ⓘ Thassos Horse Club, Skala Prinos, 64010 Thassos, Telefon 0030-6999391777, ◉ www.thassoshorse-club.snadno.eu

Wandern

Klimabedingt sind der Mai und frühe Juni die schönsten Wandermonate auf Thassos, wenn viele Pflanzen in voller Blüte stehen und die Quecksilbersäulen noch keine Temperaturen weit über 30 Grad Celsius anzeigen. Auch September und Oktober sind aufgrund der angenehmen Temperaturen empfehlenswerte Monate, um Thassos auf Schusters Rappen zu erkunden. Dabei wartet Thassos mit einer Vielzahl unterschiedlicher Wandermöglichkeiten auf. Der Bogen spannt sich von beschaulichen Küstenwanderwegen über Touren durch dichte Wälder bis hin zu anspruchsvolleren Touren hinauf zu Bergdörfern wie Kastro. Auf Hirten- und Forstpfaden geht es dabei durch unberührte Natur.

Wanderroute Limenas – Golden Beach

Rund 13 Kilometer misst die landschaftlich reizvolle Wanderstrecke von Thassos-Stadt zum Golden Beach, wobei die Route nur wenige Steigungen enthält.

Startpunkt ist am alten Fischerhafen von Thassos-Stadt. Von hier geht es zunächst die rechts neben dem Athosgebäude liegende Straße hinauf. Vor dem Restaurant Patrikos geht es links in die Odos Petrou Axioti und vorbei am Hermes-Tor.

Der Weg führt weiter zum Kap Evraiokastro mit der Apostelkirche und dann rechts den Hang hinauf. Dort, wo die Reste der antiken Stadtmauer zu finden sind, gilt es sich links zu halten und nicht (!) die Treppen zu nutzen. Oberhalb der Küste steigt der Weg nun leicht an. Nach etwa 800 Metern trifft der Weg auf eine Erdstraße. Hier gilt es sich erneut links zu halten.

Dort, wo der Weg nach etwa 150 Metern nach links abknickt, gilt es über den rechts liegenden Fußweg weiter zu gehen. Wenig später kommt die Bucht von Makryammos in den Blick. Vorbei am Club Romantica trifft man nun wieder auf eine Asphaltstraße. Wer zur Badebucht abbiegen möchte, geht durch die Toreinfahrt der Hotelanlage. Wer weiter Richtung Golden Beach wandern möchte, hält sich an die rechts daneben liegende Staubstraße.

Dieser gilt es nun für gut 4.5 Kilometer Richtung Marmorsteinbruch zu folgen. Der Weg führt schließlich zu einem kleinen Strand hinunter, wo auch eine Schiffsverladestelle zu finden ist.

Etwa 1.000 Meter hinter der Verladestelle biegt der Weg nach rechts ab. Berghoch geht es weiter durch einen Kiefernwald um die Vahti Bucht herum, bevor der Weg von derKüste wegläuft. Nach etwa 3.000 Metern kommt der Golden Beach in den Blick.

Der Weg führt nun weiter Richtung Strand, wo als Belohnung ein Badevergnügen und/oder ein kühles Getränk in einer der vielen Tavernen warten. Wer nicht auf Schusters Rappen zurück nach Limenas möchte, kann auch mit einem Ausflugsboot oder dem Linienbus fahren.

Ausgrabungsstätte in Limenas Zentrum (oben) Gut beschilderte Wanderwege (unten).

neolithic settlement
KASTRI

Teil 2 – Unterwegs auf Thassos

Thassos ist eine der insgesamt 22 Gemeinden der griechischen Region Ostmakedonien und Thrakien. Die Gemeinde Thassos gliedert sich in elf Ortschaften mit Thassos-Stadt (auch Limenas genannt), als Hauptstadt der Insel. Die weiteren selbstverwalteten Ortschaften sind Kallirachi, Kazavati, Limenaria, Maries, Panagia, Potamia, Prinos, Rachoni, Sotiros und Theologos.

Thassos-Stadt

Die an einer lang gezogenen Bucht liegende Hauptstadt der Insel wird auch Limenas genannt. Dominiert wird das Stadtbild vom großen Hafenareal, das sich zu der Meerenge hin öffnet, die das Eiland vom makedonischen Festland trennt. Begrenzt wird die Bucht von Limenas im Westen vom Kap Pachis und im Osten von den Evreokastro Felsen. Im Ortsbereich selbst liegen vorwiegend Ausflugsschiffe und Fischerboote vor Anker, während am Ortsrand die Fähren zum Festland andocken. Errichtet wurde die 3.600-Seelen-Gemeinde an der Stelle der antiken Stadt Thassos, deren Überreste noch heute in vielen Teilen von Limenas zu sehen sind. Verwinkelte, enge Straßen durchziehen die Hauptstadt.

Nordöstlich des Fischereihafens sind die Reste der antiken Agora zu finden. Das einst von Säulenhallen dominierte Areal entstand in der Zeit zwischen dem 3. und 1. Jahrhundert vor Christus. Zu sehen ist hier neben den Resten der Säulenhallen und der Altarsockel auch das Denkmal des Feldherrn Glaukos, der im 7. Jahrhundert vor Christus zu den Mitbegründern der Stadt zählte.

Angrenzend an die Agora wartet das Archäologische Museum mit allerlei antiken Schätzen auf. Bedeutendster Blickfang ist eine überlebensgroße Steinskulptur eines Jünglings aus der Zeit um 600 vor Christus. Ausgestellt sind ansonsten vornehmlich Grabplatten, Schmuckstücke, archaische Stelen und Bildhauerarbeiten aus römischer Zeit, aber auch solche Besonderheiten wie die Statue eines jungen Mannes mit Widder aus dem 7. Jahrhundert oder thasische Amphoren aus dem 4. Jahrhundert vor Christus.

Zu den markantesten Gebäuden am Rande der Agora zählen das Athoskloster Vatopedi mit seinem Walmdach und die 1835 erbaute Nikolauskirche. Unweit des antiken Marktplatzes befindet sich mit dem Heiligtum der Artemis aus dem 6. Jahrhundert vor Christus eines der ältesten Bauwerke

Bei der griechischen Stadtidylle, wie hier in Limenas, darf die blau-weiße Flagge nicht fehlen.

der Insel. Auch die Überreste des Poseidon Tempels und des zum Teil freigelegten, zum Teil überbauten Dionysions aus dem 4./5. Jahrhundert vor Christus liegen nur einen Steinwurf entfernt von der Agora.

Sehenswert ist zweifelsohne auch das prächtige Amphitheater, dessen älteste Teile aus dem 5. Jahrhundert vor Christus stammen. Noch heute wird die historische Spielstätte, mit Sitzreihen aus römischer Zeit, genutzt, wenn hier im Juli und August antike Dramen zur Aufführung kommen. Auch für Konzertveranstaltungen wird das Amphitheater, von dem aus sich herrliche Blicke auf die nördliche Ägäis bieten, genutzt.

Unweit des Theaters fallen zudem die Reste der antiken Akropolis auf, deren Außenmauer mit einem Relief aus dem 4. Jahrhundert vor Christus verziert ist. Derweil sind vom Odeon, dem antiken Musiktheater, lediglich noch ein paar Sitzreihen und vom Tempel der Athena gerade einmal noch Teile des Fundaments erhalten.

Vom Hafenplatz führt eine Straße in südliche Richtung zu den Ruinen des Herakleions, das aus dem 6. und 5. Jahrhundert vor Christus stammt. Hier gibt es Reste eines Tempels, eines Altares, eines Torbaus sowie mehrerer Gebäude. Ganz in der Nähe finden sich Teile eines früheren Stadttores. Von der ehemals 3,5 Kilometer langen Stadtmauer, die Thassos-Stadt umgab, sind ebenfalls noch einige Teile erhalten. Dazu gehören drei Steintore.

Auf der Landzunge von Evreokastro, die den Hafen im Nordosten schützt, befinden sich die Reste eines antiken Heiligtums, in dem Zeus, Athena und Artemis verehrt wurden, und die Ruine einer frühchristlichen Basilika. Diese stehen im Kontrast zu der weiß getünchten Ajion Apostolon Kapelle, die sich zwischen den alt-ehrwürdigen Steinresten erhebt.

Thassos-Stadt verfügt einige 100 Meter Luftlinie vom Fähranleger über einen kleinen Sandstrand mit Schatten spendenden Bäumen. Nachtschwärmer finden rund um den Fischerhafen zahlreiche Bouzouki-Lokale, Bars und Diskotheken.

Essen & Trinken: Mouses Taverna Ouzeri, 64004 Thassos, Telefon 23697, ◉ www.taverna-mouses.gr. Das beliebte Speiselokal ist bekannt für sein gegrilltes Spanferkel und seine Fischspezialitäten.

Der Traumstrand von Aliki (oben) und ein Detail aus dem Portal des Klosters Archangelou (unten).

Ο ΑΡΧ
ΜΙΧΑ
ΘΥ ΣΤΡΑΤΗΓΟ
ΕΙΜΙ ΣΠΑΘΗΝ
ΦΕΡΩΝ Κ ΤΣ
ΕΝΤΑΥΘΑ ΕΣΙΟ
ΝΤΑΣ ΕΝ ΦΟΒΩ
ΦΡΟΥΡΩ ΠΡΟΜΑΧΩ
ΥΠΕΡΜΑΧΩ Κ
ΣΚΕΠΩ ΤΣ ΛΕ

Restaurant Simi, 64004 Thassos, Telefon 22517, ◉ www.thassos-restaurant.gr. Direkt am alten Hafen gelegen, bietet das Speiselokal traditionelle griechische Küche sowie fangfrischen Fisch und griechische Weine.

Übernachten: Nikoleta Luxury Villa, 64010 Thassos, Telefon 22020, ◉ www.nikoletaluxuryvilla.gr. Das familiengeführte, sehr stilvoll eingerichtete Hotel mit insgesamt 23 Zimmern und Suiten liegt etwa einen Kilometer von Thassos und 100 Meter vom Strand entfernt.

Glikadi Hotel, 64010 Thassos, Telefon 22610, ◉ www.glikadi-hotel.gr. Das etwa vier Kilometer außerhalb von Thassos-Stadt inmitten von Pinienwäldern und Olivenhainen gelegene Hotel mit Pool und Bar hält insgesamt 25 elegante Studios vor.

Hotel Pegasus, Thassos, Telefon 22061, ◉ www.hotel-pegasus.de. Kleines, familiengeführtes Hotel mit 27 Zimmern, Pool und einheimischer Küche.

Magedon Hotel, Thassos, Telefon 22123, ◉ www.hotel-macedon.com. Das zentral zwischen Fährhafen und Zentrum gelegene Hotel mit Poolanlage verfügt über 26 geräumige und gepflegte Zimmer.

Metsikas Residence, Thassos, Telefon 23200, ◉ www.hotel-metsikas.gr. Das empfehlenswerte Vier-Sterne-Hotel mit Pool und Pool-Bar liegt am Ortsrand von Thassos-Stadt.

Agios Georgios

Das Dorf liegt im Nordwesten der Insel am Rücken eines Bergzuges. Markantestes Bauwerk ist hier die Agios Nikolaou Kirche. Gerade einmal eine Hand voll Einwohner sind hier dauerhaft sesshaft. Im Dorf gibt es eine Taverne, die nur in den Sommermonaten geöffnet ist.

Bekannt ist das Dorf durch Mehmet Ali (1769-1849), der hier seine Kindheit verbrachte und später als Gründer der ägyptisch-königlichen Dynastie Geschichte schrieb. Unter dem Namen Muhammad Ali Pascha war er von 1805 bis 1848 Vizekönig von Ägypten sowie osmanischer Pascha.

Aliki

Das Dorf an der Südküste ist gleichermaßen für seine traumhaften Strände entlang der gleichnamigen Halbinsel und seine archäologischen Ausgrabungsstätten bekannt.

Eine tierische Begegnung unweit von Astris.

In der südöstlichen Bucht herrscht oft starker Wellengang, während die westliche Bucht nahezu windgeschützt ist. In der Antike war Aliki als heilige Stätte, aber auch für seine Marmorvorkommen bekannt.

Hier entstand im 6. Jahrhundert vor Christus der erste Marmorbruch auf Thassos, der 1.200 Jahre in Betrieb sein sollte. Sehenswert sind die Reste zweier frühchristlicher Basiliken aus dem 5. Jahrhundert sowie eines Dioskuren Heiligtums aus dem 5. Jahrhundert. Hier wurden Pollux und Kastor als Schutzheilige der Seeleute verehrt.

Archangelou

Das Nonnenkloster schmiegt sich wie ein Adlernest an die Felsen des Küstenstreifens. Einer populären Erzählung nach soll der asketische Mönch Loukas um das Jahr 1100 von seinem Rückzugsort unweit von Theologos an die Küste gegangen sein, als ihm der Erzengel Michael erschien. Dieser soll dem frommen und enthaltsamen Mann aufgetragen haben, an dieser Stelle eine Kirche zu errichten. Gleichzeitig soll Michael mit einem Stock ein Loch in den Boden gehauen haben und schon sprudelte hier Wasser aus dem kleinen Flecken Erde. Tief

beeindruckt, tat Loukas wie ihm geheißen und errichtete über der Quelle ein Gotteshaus. Fortan lebte er hier als Einsiedler, ehe er – wie von Erzengel Michael vorhergesagt – drei Jahren nach der Erscheinung sein starb. Besonderer Schatz des Klosters ist neben zahlreichen gut erhaltenen Ikonen ein Teil eines Nagels, mit dem Jesus in Golgatha ans Kreuz geschlagen wurde. Das Nagelstück soll in der rechten Hand des Gottessohnes gesteckt haben und war einst im Besitz des Athos-Klosters Philotheou. Als dieses mal wieder von Plünderern bedroht war, wurde das Nagelstück in Archangelou in Sicherheit gebracht, wo es noch heute in Bernstein eingelassen eine Ikone des Erzengels Michael aus dem 17. Jahrhundert ziert.

Wer das Kloster, vom dem aus sich herrliche Blicke auf die Ägäis bieten, besichtigen möchte, muss die Kleidervorschriften beachten. Frauen müssen Schultern und Arme bedeckt haben und einen langen Rock oder eine lange Hose tragen. Männer müssen ebenfalls eine lange Hose tragen. Das Kloster hält aber auch Beinkleider, Überziehröcke und Schultertücher für Besucher zur Ausleihe vor.

Astris

Sehenswertes hat das Bauerndorf an der Südküste von Thassos nicht aufzuweisen, sieht man einmal vom Sandstrand ab. Nicht weit davon befindet sich in der Kalami Bucht ein weiterer Sand-Kiesel-Strand und auch der für seine vielfältigen Wassersportmöglichkeiten bekannte Psili Ammos Sandstrand ist nur einen Steinwurf entfernt.

Essen & Trinken: Psili Ammos Beach Bar, Psili Ammos, Potos, 64010 Thassos, Telefon 52880. Griechische Küche kommt auf den Tisch des Hauses. In der Bar legt in den Sommermonaten ab dem frühen Abend ein DJ auf.

Kalivia

Längst ist das Dörfchen Kalivia mit der Küstenstadt Limenaria verwachsen. Bedeutendstes Bauwerk ist hier die Agios Georgios Kirche.

Kallirachi

Mit seinen gut 650 Einwohnern zählt das knapp 2,5 Kilometer von der Westküste entfernt am Fuße des Berges Metamorphosis liegende Kallirachi zu den größeren Dörfern der Insel. Enge verwinkelte Gassen und traditionelle Häuser prägen das Bild des Dorfes, das im 18. Jahrhundert entstand. Auf einer Anhöhe über dem Dorf befindet sich gemäß

Feigen wachsen oft direkt an den wenig befahrenen Straßen, die zu den Bergdörfern führen.

einer Überlieferung das Grab des auf die Insel verbannten Priesters und Theologen Sabellius. Dieser vertrat im 3. Jahrhundert die Lehre der so genannten ökonomischen Trinität, nach der Gottvater, der Gottessohn und der Heilige Geist drei zeitlich aufeinander folgende Erscheinungsformen desselben Wesens sind. Sabellius wurde schließlich von Rom exkommuniziert, und nach Thassos verbannt, sein Glaube als Irrlehre erklärt. Auf Thassos starb er schließlich auch.

Der heutige Ort liegt im Zentrum eines ehemaligen Bergbau- und Verhüttungsreviers, das von der Antike bis in das byzantinische Zeitalter für die Gewinnung von Blei, Silber und Kupfer von großer Bedeutung war. Zu den wenigen Sehenswürdigkeiten zählt ein kleines Folkloremuseum mit traditionellen Möbeln und traditioneller Handwerkskunst.

Kastro

Fast wirkt das auf gut 700 Metern über dem Meeresspiegel gelegene Kastro wie eine Geisterstadt. Gerade einmal eine Hand voll Menschen sind in dem mehr als 600 Jahre alten Dorf heimisch. Diese sind zumeist Viehzüchter, die nur in den

Sommermonaten in den Bergen wohnen. Die Überreste der alten Festungsmauern, die kleine Ilias Kapelle mit dem Gebeinhaus und die Hauptkirche, die dem Heiligen Athanasias gewidmet sind, sind die interessantesten Anlaufpunkte. Jährlich am 18. Januar erwacht das Dorf anlässlich des Festes des Heiligen Athanasias zum Leben.

Kazavati

Das fast nur in den Sommermonaten bewohnte Bergdorf auf knapp 350 Metern über dem Meeresspiegel, das auch Ano-Prinos genannt wird, besticht durch eine Reihe gut erhaltener und aufwendig renovierter Häuser im makedonischen Baustil, deren Dächer mit Schiefer gedeckt sind. Die Hohlräume zwischen den einzelnen Steinen der historischen Bruchsteingemäuer wurden – wie auch bei vielen Häusern beispielsweise in Theologos und Panagia – mit Kourassani, einer Mischung aus Lehm, Kalk, Wasser, Ziegen- und Pferdehaaren, ausgefüllt. Sehenswert ist hier vor allem die Dorfkirche Dodeka Apostolon aus dem Jahre 1804 mit ihrer geschnitzten und reich bemalten Ikonostase und Holzdecke. Derweil gilt der Dorfplatz mit seinen traditionellen Tavernen als der schönste der Insel.

Die Ortsteile Mikro-Kazavati (Klein-Kazavati) und Megalo-Kazavati (Groß-Kazavati) sind durch eine von Olivenhainen gesäumte Straße miteinander verbunden. Auch ausgedehnte Terrassen prägen die Hänge der Umgebung. Hier lagen die besten Weingärten der klassischen Antike, auf denen der thasitische Wein der Rebensorte Limnio gedieh. Sie wurden bis in das letzte Jahrhundert bewirtschaftet.

Gesellschaftlicher Höhepunkt im Dorfleben ist das Fest zu Ehren der heiligen Apostel, das jährlich am 30. Juni begangen wird.

Etwas oberhalb von Kazavati liegt das Kloster St. Panteleimon, dessen Gründung auf das Jahr 1843 zurück geht. Unmittelbar neben dem Kloster befindet sich eine Höhle, in der der Panteleimon gestorben sein soll. Ihm zu Ehren wird am 27. Juli ein großes Fest gefeiert.

ⓘ Kazavati im Internet ◉ www.kazaviti-thassos.net

Essen & Trinken: Taverna Andreas, Kazaviti, 64010 Thassos, Telefon 71760. Die urige Taverne ist spezialisiert auf Lammvariationen und andere griechische Gerichte.

Wetter gegerbtes Kunstwerk an der Küste von Limenaria.

Übernachten: Kastanies Traditional Houses, Kazaviti, 64010 Thassos, Telefon 72161, ◉ www.kastanies-kazaviti.gr. Das traditionelle Haus bietet eine komplett eingerichtete Ferienwohnung mit Schlafzimmer, Ess- und Wohnzimmer sowie Küche für bis zu vier Personen.

Kimesis Tis Theotokou

Zwischen Skala Marion und Maries liegt das Marienkloster Kimesis Tis Theotokou aus dem Jahre 1813, das auch Panagouda genannt wird. Sehenswert sind vor allem die volkstümlichen Kirchenmalereien aus der ersten Hälfte des 19. Jahrhunderts, die Szenen aus dem Leben Marias und verschiedener Heiliger zeigen.

Kinira

Das einstige Goldgräbernest an der Ostküste liegt gegenüber der gleichnamigen kleinen Insel und wird heute von kleinen Hotels, Restaurants und Fischlokalen dominiert. Unweit des Ortes, in dem gerade einmal 200 Menschen leben, erstreckt sich der beliebte Paradise Beach. Der Kiinira Beach hingegen besteht aus groben Kieseln, während der nahe gelegene Paralia Loutrou aus einer Mischung aus Sand und kleinen Steinen besteht.

Am Osthang des 742 Meter hohen Berges Fanos sind bei Paläochori auf 340 Metern über dem Meeresspiegel die Reste der antiken Stollen zu erkennen, die 1981 von Forschern des Heidelberger Max-Planck-Instituts wieder entdeckt wurden. Gemäß Schätzungen wurde hier zwischen 1000 und 800 vor Christus nach Gold gesucht.

Essen & Trinken: Taverne Agorastos, Kinira, 64004 Thassos, Telefon 41225. Mediterrane Küche und von der Betreiberfamilie Dalgiannakis selbst gefangener Fisch kommt auf den Tisch des Hauses.

Übernachten: Maranton Beach Hotel, Kinira, 64004 Thassos, Telefon 41294, ◉ www.maranton.gr. Das Vier-Sterne-Haus weist allerlei Annehmlichkeiten auf - wie eine Sauna, ein Hamam und einen liebevoll angelegten Garten. Auch ein Pool nebst Poolbar und ein Kinderbecken fehlen nicht.

Klisma

Das unspektakuläre Fischerdörfchen an der Westküste hat außer einem Strandabschnitt nicht viel zu bieten. Dafür ist der Strand entsprechend wenig frequentiert.

Der Charme des Gestrigen: Verfallenes Haus in Limenaria.

Limenaria

Die zweitgrößte Stadt der Insel entpuppt sich als pulsierendes Touristenzentrum, obschon der Strand fraglos nicht gerade zu den schönsten auf Thassos gehört. Der Name der Stadt, der an den der Inselhauptstadt Limenas (Thassos-Stadt) angelehnt ist, bedeutet übersetzt soviel wie „die kleinere Stadt Limenas". Der Geruch von Fisch und nassem Holz liegt über dem Bereich rund um den Fischerhafen, wo Möwen friedlich kreischend ihre Kreise ziehen. Entlang des Kiesel-Sand-Strandes und der 400 Meter langen Uferpromenade drängen sich dicht an dicht Tavernen, Ouzerien und Restaurants.

Im Jahre 1903 hatte die Firma Speidel aus dem baden-württembergischen Pforzheim in Limenaria mit dem Bergbau begonnen. Nach dem 2. Weltkrieg übernahm die Firma Krupp die Schürfrechte, um Eisenerz abzubauen. 1961 wurde der Bergbau in Limenaria endgültig eingestellt. An die Blüte des Bergbaus erinnert noch heute das kruppsche Verwaltungsgebäude, das wegen seiner Großzügigkeit an einen Palast erinnert und im Volksmund entsprechend „Palataki" genannt wird. Die Stollen reichen fast bis an den Strand des angrenzenden Metallion.

Das kleine Papageorgiou Museum besitzt eine Sammlung mit Exponaten zur Ortsgeschichte. In Kalyvia, der Keimzelle Limenarias am nördlichen Rand der 2.500-Seelen-Gemeinde, wird immer am Dienstag nach Ostern das Fest des Heiligen Georgios gefeiert.

Übernachten: Pantheon Apartments, Limenaria, 64004 Thassos, Telefon 51670, ◉ www.pantheonthassos.gr. 15 voll eingerichtete Studios und Apartments mit einem oder zwei Schlafzimmer werden hier vorgehalten.

Grand Beach Hotel, Limenaria, 64004 Thassos, Telefon 53470, ◉ www.grand-beach-hotel.gr. Das Hotel direkt am zwei Kilometer langen Strandabschnitt besticht durch schlichte, aber große und saubere Räume.

Makryammos

Die malerische Bucht mit dem gleichnamigen Hotelkomplex verfügt über den wohl schönsten Strand der Insel. Der flach abfallende Strand lässt diesen Küstenabschnitt zu einem idealen Badeort für Familien mit kleinen Kindern werden.

Zählt zu den schönsten Stränden der Insel: Die Bucht von Makryammos.

Zudem ist der Strand mit der blauen EU-Flagge für besondere Sauberkeit ausgezeichnet worden.

Übernachten: Makryammos Bungalows, 64004 Thassos, Telefon 22101, ◉ www.makryammos-hotel.gr. Kleine Bungalows schmiegen sich unauffällig in den mit Pinien bewachsenen Hang. Zum Hotelkomplex gehören auch zwei Restaurants, eine Bar, eine Strand- und eine Poolbar sowie ein Kinderspielplatz.

Maries

Das auf 200 Metern über dem Meeresspiegel gelegene Bergdorf markiert in etwa die geografische Mitte der Insel. Entlang enger Gassen ziehen sich die traditionellen Häuser den grünen Hang eines Berges hinauf und laden förmlich zum Versteckspiel ein. Die 200 Einwohner leben vorwiegend von der Bienenzucht und der Landwirtschaft. Im Zentrum des Dorfes erhebt sich mit der Taxiarchon Kirche das älteste erhaltene Gotteshaus der Insel. Es wurde um das Jahr 1800 errichtet. Im Inneren ist die den Erzengeln (Taxiarches) geweihte Kirche mit farbenfrohen Wandmalereien verziert und beeindruckt mit einer geschnitzten Decke sowie Wandmalereien an den Altartüren. Zu den Schätzen der Kirche gehört eine Ikone des Heiligen Jannis Mariotis, der 1652 in Konstantinopel den Märtyrertod starb, als er sich weigerte dem orthodoxen Glauben abzuschwören.

Vom Dorf aus führt ein drei Kilometer langer Wanderweg weitgehend parallel zum FlussLakkos Marion zu dem kleinen Stausee Gena.

Megalo Kasaviti

Das auf 360 Metern über dem Meeresspiegel liegende Bergdorf am Fuße des Ipsarion, das auch Megalo Prinos genannt wird, besticht durch seinen dichten Baumbestand. Zwischen Platanen, Nussbäumen und Kiefern fallen zumeist zweigeschossige Wohnhäuser mit Schieferdächern auf. Die Dodeka Apostolon Kirche aus dem 19. Jahrhundert ist mit einer geschnitzten Holzdecke, einer auffällig bemalten Kanzel und einem hohen Turm ausgestattet. Neben dem Gotteshaus sind die Überreste einer Schule aus dem 19. Jahrhundert dem Verfall preisgegeben. Im Ortszentrum gibt es eine kleine Taverne.

Der einladender Wanderweg von Makryammos führt durch eine verträumte Wildnis.

Immer am 30. Juni steht der Ort ganz im Zeichen der Zwölf Apostel, wenn ihnen zu Ehren ein großes Fest begangen wird.

Mikro Kasaviti

In der Nähe von Prinos liegt die malerische Ortschaft Mikro Kasaviti, die auch Mikro Prinos genannt wird. Im Mittelpunkt des Dorfes steht die Schiefer gedeckte Kirche Ajios Georgios, die aus dem frühen 19. Jahrhundert stammt.

Unweit des Dorfes führt eine nicht asphaltierte Straße zum Nonnenkloster Ajiou Panteleimona, in dessen Zentrum eine Kirche aus dem Jahre 1843 steht. Von hier bieten sich herrliche Blicke auf Prinos.

Neos Prinos

Nordwestlich von Skala Prinos hat sich an der Küste mit Neos Prinos und den dazu gehörigen Siedlungen eine neue kleine Ortschaft gebildet. Entlang des Strandes sind mehrere Hotelanlagen entstanden, wobei jede dieser Übernachtungsstätten über einen eigenen Strandabschnitt verfügt.

Pachis

Mit Ausnahme des von Pinien gesäumten, knapp einen Kilometer langen Strandes ist eine gewisse Abgeschiedenheit das einzige Pfund, mit dem das Fischerdörfchen unweit von Skala Rachoni wuchern kann.

Essen und Trinken: Taverna Pefkospilia, Pachis, 64004 Thassos, Telefon 81051. Die Strandbar bietet neben Getränken auch Snacks an.

Panagia (auch Panaghia)

Eingebettet in eine dicht bewaldete Gebirgslandschaft hat das traditionsreiche Bergdorf im Nordosten der Insel, das von 1838 bis 1840 auch Hauptstadt von Thassos war, vieles von seiner Ursprünglichkeit bewahrt. Enge Gassen und Häuser mit hölzernen Balkonen dominieren das Ortsbild ebenso wie die Marienkirche von 1831 mit ihrer sehenswerten Ikonensammlung. Zu den Wahrzeichen der Kirche gehört auch jene Fahne, die Richard Löwenherz auf seinen Feldzügen mit sich führte. Immer am 15. August steigt in Panagia ein großes Pilgerfest. Dann wird die mit Blumen geschmückte Marienikone vor dem Gotteshaus platziert. Tausende strö-

Sehr fotogen liegt Potamia ausgebreitet zwischen Bergen und Meer.

Oliven säumen den Weg - wie hier an der Straße von Potos nach Theologos.

men dann in das Bergdorf, küssen die Ikone und zünden Kerzen an, während im Kircheninneren eine Messe abgehalten wird. Schließlich greift der Pope die Ikone mit beiden Händen und trägt diese, gefolgt von den Gläubigen und begleitet von Blasmusik, durch die Straßen des Dorfes zur Platia und von dort wieder zurück in die Kirche.

Der zentrale Brunnen des 900-Seelen-Dorfes wird mit frischem Quellwasser gespeist. Der Legende nach kehrt derjenige, der aus dem Brunnen trinkt, immer wieder nach Thassos zurück. Einen Versuch ist es zumindest wert.

Bekannt ist Panagia übrigens auch für seine Honigprodukte und süßen Früchte. Insbesondere eine Mischung aus Honig und Feigen gehört zu den meist verkauften Spezialitäten der ortsansässigen Imker. Großer Beliebtheit erfreuen sich auch die glika tou koutaliou, in Sirup eingelegte Früchte, die löffelweise genossen werden. Neben Feigen, Walnüssen, Kirschen, Orangen und Kürbissen sind auch Varianten mit Tomaten und Gurken erhältlich.

Ausblick auf Skala Marion.

Einen Tag nach dem Karnevalsumzug in Potamia wird auch in Panagia am Montag nach dem Ende der Fastzeit Karneval gefeiert. Zunächst bahnt sich ein Umzug seinen Weg durch die Straßen des Dorfes, ehe in den Abendstunden ein zünftiges Fest gefeiert wird.

Übernachten: Hotel Thassos Inn, Panagia, 64004 Thassos, Telefon 61612, ◉ www.thassosinn.gr. Ordentliche Familienhotel; gegenüber der Kirche gelegen.

Hotel Theo, Panagia, 64004 Thassos, Telefon 61284, ◉www.hoteltheo.gr. Der Familienbetrieb hält nur 50 Meter vom zentralen Dorfplatz 14 Doppelzimmer und zwei voll ausgestattete Apartments vor.

Hotel Komninos, Panagia, 64004 Thassos, Telefon 62181, ◉ www.komninosrooms.gr. Rund 200 Meter vom Ortszentrum entfernt, bietet das kleine Hotel zehn großzügige Zimmer an.

Pefkari

Entlang des von Pinien bewachsenen Küstenabschnitts wartet das kleine Pefkari mit einer großen Badebucht auf. Eine niedrigere, dicht bewaldete Anhöhe teilt den Strand in zwei Abschnitte. Entlang des

Strandabschnitts mit dem feineren Sand finden sich zahlreiche Tavernen, Bars und Restaurants.

Potamia

Vor den Steinhäusern des kleinen Ortes erhebt sich der 1.204 Meter hohe Berg Ipsarion. Kultureller Mittelpunkt ist das Vagis-Museum. Als einer der berühmtesten Söhne von Thassos wurde der Künstler Polygnatos Vagis am 14. Januar 1892 in Potamia geboren. 1911 siedelte er in die Vereinigten Staaten von Amerika über, wo er sich mit seinen Skulpturen einen großen Namen machte. Bevor er am 15. März 1965 in New York starb, verfügte er, dass ein Teil seiner Kunstwerke in seinen Geburtsort gezeigt wird. Die Arbeiten von Plygnatos Vagis sind daneben unter anderem im berühmten Metropolitan Museum of Art und im Museum of Modern Art in New York, in Toledo und Tel Aviv zu sehen.

Der zweite berühmte Sohn Potamias war der Künstler Umbertos Argyros. Der langjährige Professor an der Athener Kunsthochschule machte sich vor allem mit Landschaftsmalereien seiner griechischen Heimat einen Namen.

Potamia selbst ist von schmalen, zum Teil steil ansteigenden Straßen und Gassen durchzogen. Neben den vielen Brunnen gehören vor allem die Kirchen Isodion tis Theotokou und Paläoimerolojiton zu den Blickfängen des Ortes. Bekannt ist Potamia auch für seine weißen Bohnen, die in den Restaurants auf der ganzen Insel auf der Speisekarte stehen. Etwas außerhalb findet sich mit der 1845 errichteten Ajios Dimitrios Kapelle eines der schönsten Gotteshäuser auf Thassos. An der Kapelle startet auch ein Wanderweg hinauf zur Spitze des Ipsarion. Gut zwei Stunden sollten für den Aufstieg eingeplant werden. Von Panagia bis Potamia erstreckt sich mit dem Golden Beach einer der schönsten Strände der Insel.

Am letzten Sonntag der Fastenzeit wird in den Abendstunden der Karneval mit einem ausgelassenen Festumzug begangen. Tags darauf zieht der Lindwurm seine Runden durch Panagia.

Potos

Als eines der südlichsten Dörfer der Insel darf sich Potos rühmen, gleich über mehrere Strände zu verfügen. Neben einem gut zwei Kilometer langen Sand- und Kieselstrand finden sich hier der Sandstrand Alexandra Beach und ein kleiner Kiesstrand. Zahlreiche Tavernen und Cafés entlang der Uferpromenade laden zum Verweilen ein.

Boote gehören zum täglichen Anblick einer Insel - wie hier bei Skala Marion.

Von der Ortsmitte des Dorfes führt eine Straße durch einen Olivenhain direkt nach Theologos. Bei klarer Sicht erkennt man den heiligen Berg Athos, der sich direkt gegenüber von Potos erhebt.

Übernachten: Alexandra Beach Spa Ressort, Potos, 64004 Thassos, Telefon 58000, ◉ www.alexandrabeach.gr. Das direkt am Strand gelegene Boutique-Hotel besticht durch einen modernen Spa- und Wellnessbereich.

Maria Hotel, Potos, 64004 Thassos, Telefon 51212, ◉www.hotel-maria-thassos.com. Das zentral gelegene Hotel mit Pool und Poolbar hält voll klimatisierte Studios und Apartments mit eingerichteter Küche bereit.

Prinos

Im Nordwesten, unweit der Küste gelegen, ist Prinos von dichten Olivenhainen umgeben. Immer am 7. Januar steigt hier ein großes Kirchenfest zu Ehren des Heiligen Johannes. Montags wird in Prinos Markt abgehalten. Feilgeboten werden dann Obst, Gemüse, Lederwaren, Werkzeug, Unterwäsche, Schuhe und Kleidung, die oftmals lautstark angepriesen werden.

Rachoni

Rachoni erweist sich als ein kleines, in Teilen etwas runtergekommenes Dorf, dessen Charme von den alten Feigen-, Pflaumen- und Pfirsichbäumen ausgeht, die überall gedeihen. Angeblich finden sich in Rachoni die ältesten Olivenbäume der Insel. Am Dorfplatz erhebt sich die Marienkirche direkt über einer Quelle. Einer populären Erzählung nach soll an dieser Stelle eine blinde Frau aus Bulgarien ihre Augen mit Wasser aus dieser Quelle benetzt und wenig später ihr Augenlicht zurückerhalten haben. Als Zeichen ihrer Dankbarkeit ließ sie sich hier nieder und gründete die Ortschaft Rachoni, wo schließlich ein Gotteshaus über der heiligen Quelle errichtet wurde. Immer am 15. August wird in Rachoni ein großes Kirchenfest gefeiert.

Skala Kallirachis

Ein Dörfchen ohne besondere Attraktionen und Sehenswürdigkeiten. Ein kleiner, gut ausgebauter Fischerhafen und ein kleiner Platz mit einer Handvoll Geschäften und Tavernen bilden das Herzstück der Ortschaft an der Westküste.

Skala Marion

Das kleine Fischerdorf war bis zum Jahre 1950 ein geschäftiger Hafen, von dem aus Kupfer- und Zink-Erze in alle Welt verschifft wurden. Die Häuser von Skala Marion schmiegen sich an einen zu beiden Seiten zum Meer abfallenden Felsen oder drängen sich auf ein kleines Plateau. Im Süden schließt sich eine weit gezogenen Bucht an, deren fast 700 Meter langer Aspas Strand zum Baden einlädt.

Skala Panagia

Die kleine Küstensiedlung ist vor allem für seinen Chrissi Ammoudia Strand, der auch Golden Beach genannt wird, bekannt. Hohe, schlanke Pappeln und Kiefern säumen den Sandstrand und bilden einen stimmungsvollen Kontrast zum tiefen Blau des Meeres. Vom Nordrand des Strandes gibt es einen malerischen Wanderpfad zur Landzunge Pirgos, die auch Kap Kerakia genannt wird, wo die wild-romantische Ruine eines Turmes aus dem 6. Jahrhundert darauf wartet, entdeckt zu werden.

Übernachten: Emerald Hotel, Panagia, 64004 Thassos, Telefon 61979, ◉ www.emerald-hotel.com. Rund 200 Meter oberhalb des

Gemütliche Taverne in Skala Potamia.

Kirche in Skala Rachoni.

Strandes liegt das Hotel inmitten eines alten Olivenhains. Auch einen Pool nennt das Haus mit insgesamt 85 Zimmern.

Skala Potamia

Das Fischerdörfchen verfügt mit dem Chrissi Akti über einen lang gezogenen Kiesel- und Sandstrand, an dem in der Hochsaison viel Trubel herrscht. Pappeln, Kiefern und Ölbäume säumen hier den Strand. Zu den augenfälligen Gebäuden gehört die eher bescheiden anmutende Ajios Nikolaos Kapelle mit ihrem Schiefer gedeckten Dach und eine ehemalige Werft aus dem Jahre 1892, die heute gastronomisch genutzt wird.

Essen und Trinken: Restaurant Krambousa, Skala Potamia, 64004 Thassos, Telefon 62190. Das Familienrestaurant bietet neben griechischen auch mediterrane Speisen.

Übernachten: Apartment Stella, Skala Potamia, 64004 Thassos, Telefon 62048. Vier Apartments und zwei Studios mit voll eingerichteter Küche hält der Familienbetrieb bereit.

Apartments Melida, Skala Potamia, 64004 Thassos, Telefon 61460. Zwei voll eingerichtete Apartments und ein Studio in knapp 100 Metern Entfernung zum Strand stehen hier zur Verfügung.

Natasa Hotel, Skala Potamia, 64004 Thassos, Telefon 61364, ◉www.hotel-natasa.gr. Rund 800 Meter vom Strand entfernt liegt das Hotel mit dem herrlichen Blick auf den Ipsarion.

Skala Prinos

Der kleine Urlaubsort verfügt über einen feinen Sandstrand. Dominiert wird der Küstenabschnitt allerdings von der Hafenanlage und kleinen, gemütlichen Tavernen unweit der Mole. Von hier besteht eine Fährverbindung nach Kavala auf dem griechischen Festland. Und von hier werden Marmorblöcke in die ganze Welt verschifft. Unweit des Hafens gibt es einen weiteren kleinen Sandstrand. Das Wasser ist sehr seicht, so dass hier auch weniger geübte Schwimmer entspannt baden können.

Übernachten: Pension White Horse Valley, Skala Prinos, 64010 Thassos, Telefon 0030-6999391777, ◉ www.thassoshorseclub.snadno.eu. Knapp 200 Meter Luftlinie vom Hafen entfernt hält die kleine Pension fünf komplett eingerichtete Apartments vor.

Kazavati Hotel, Skala Prinos, 64010 Thassos, Telefon 71650, ◉www.kazaviti.gr. Rund einen Kilometer außerhalb von Skala Prinos liegt das 1991 eröffnete Hotel, das sowohl normale Zimmer als auch Apartments sowie einen großen Poolbereich vorhält.

Alea Hotel & Suites, Skala Prinos, 64010 Thassos, Telefon 58300, ◉www.alea-hotel.gr. Drei Bars, zwei Restaurants, ein Pool, ein Hallen-

Theologos hat einige schmucke Fassaden zu bieten.

ΧΑΤΖΗΓΙΩΡΓΗΣ
ΜΕΤΑΞΑΣ

In Tripiti laden herrliche Sandstrände zum Faulenzen, Baden und Sandburgenbauen ein.

bad, Sauna, Fitnessraum und vieles mehr gehören zur Ausstattung des modernen Vier-Sterne-Komplexes.

Calypso Bungalows, Skala Prinos, 64010 Thassos, Telefon 71600, ◉www.calypso-bungalows.gr. Die Anlage direkt am Strand besteht aus vier separaten Bungalows. Dabei stehen den Gästen neben einem Pool drei Bars zur Verfügung.

Skala Rachoni

Der Strand des kleinen Hafenörtchens wird von Olivenhainen gesäumt. Zwischen Kiefern und Maulbeerbäumen blitzen kleine Tavernen und Hotels hervor. Am südlichen Ortsrand liegt die Ajiou Georgios Kapelle. Die größeren Hotelanlagen am südwestlichen Ende von Skala Rachoni unterhalten jeweils eigene Strandabschnitte.

Essen und Trinken: Olga's Place Taverna, Skala Rachoni, Telefon 81081. Typisch griechische Gerichte kommen auf den Tisch des Hauses.

Taverna Gorgona, Skala Rachoni, Telefon 81069. Lokale Weine und griechische Spezialitäten stehen auf der Menükarte der traditionellen

Blauer Himmel, weiße Kirche - griechische Idylle auch in Skala Sotiras.

Taverne an der Hauptstraße durch Skala Rachoni.

Übernachten: Hotel Golden Sunset, Skala Rachoni, 64004 Thassos, Telefon 58322, ◉www.golden-sunset-thassos.gr. Das direkt am Strand gelegene Hotel wurde 2003 eröffnet und bietet gepflegte Zimmer, einen Restaurant- und Barbereich sowie einen Pool.

Studios Dimitraki, Skala Rachoni, 64004 Thassos, Telefon 81448, ◉www.studiosdimitraki.gr. Rund 150 Meter vom Strand, hält das zwischen Skala Rachoni und Skala Prinos gelegene Haus fünf Studios mit eingerichteten Küchen vor.

Skala Sotiras

In dem wenig attraktiven Fischerdorf im westlichen Thassos wurden nicht nur Badeanlagen aus spätrömischer Zeit entdeckt, sondern auch Reste einer vorgeschichtlichen Siedlung, die aus der Bronzezeit stammen könnte. Der Legende nach befand sich hier das Heiligtum des Herakles. Das Örtchen besteht heute im Wesentlichen aus einer einzigen Straße. Zum Ort gehört ein

Einladender Durchbruch in Tripiti: Flossen an und los (links). Skulptur in Skala Sotiras.

kleiner Sandstrand mit flach abfallendem Wasser.

Sotiros

Größere Bedeutung erlangte der Nordwesten der Insel, als 1905 der Blei-, Zink- und Silbererzbergbau durch die Minengesellschaft Speidel auch auf die Galmei-Vorkommen von Sotiros ausgedehnt wurde. Zahlreiche ausgeerzte Tagebaue, Tiefbaue, Stollen und Schächte zeugen nordwestlich des Dorfkerns heute noch von den 1914 wieder eingestellten Arbeiten. 1989 wurden Teile des Dorfes bei verheerenden Waldbränden zerstört. Einer populären Legende nach soll Fürst Athel das Dorf gegründet haben, nachdem er 1745 auf der Flucht vor Piraten das Dorf Kaki Rachi, das heutige Kallirachi verließ. Viele Häuser hier sind verfallen. Am Dorfbrunnen aus dem Jahre 1888 hängt eine Trinkschale, die jeder Durstige nutzen kann, um sich die Kehle zu benetzen. Südöstlich von Sotiros liegen die byzantinische Analipsi Kapelle und das Frauenkloster Iera Moni Agiou Panteleimonos. Bei Ausgrabungen wurden in Sotiras unter anderem antike Gräber und ein Relief eines Reiters gefunden. Die Einwohner ernähren sich von der Bienenzucht und Landwirtschaft.

Theologos

Im 18. Jahrhundert und frühen 19. Jahrhundert fungierte das 220 Meter über dem Meeresspiegel im Landesinneren gelegene Theologos als Inselhauptstadt. Noch heute ist es das wichtigste Dorf der Insel. Die 2.000-Seelen-Gemeinde, zu der unter anderem Potos, Atsis, Thimonia, Aliki und Kinira gehören, nimmt flächenmäßig fast zwei Drittel der Insel ein. Das Stadtbild wird von engen Gassen, vielen kleinen Plätzen, Schieferdächern sowie stattlichen Häusern mit schmiedeeisernen Balkonen dominiert. Zu den sehenswertesten Gotteshäusern des 2.000-Seelen-Ortes zählen neben der mehr als 200 Jahre alten Hauptkirche Ajios Dimitrios die Ajia Paraskevi Kirche mit ihren pittoresken Wandmalereien und dem stattlichen Glockenturm sowie die Marienkapelle. In dem Bergdorf finden sich zahlreiche Cafés und Tavernen, in denen vor allem Ziegen- und Lammgerichte vom Grill serviert werden. Berühmteste Söhne der Stadt waren der spätere ägyptische König Mehmet Ali (auch Muhammad Ali Pascha genannt) und der thassische Freiheitskämpfer Chatzigeorgiou, der sich als einer der Anführer des (gescheiterten) griechischen Befreiungskrieges im Jahre 1821 einen Platz in den

Eine Taverne am Tripiti Beach preist die eigenen Kochkünste - und schreibt an Jamie Oliver.

Geschichtsbüchern sicherte. Des Volkshelden wird heute im kleinen Heimatmuseum von Theologos gedacht. Zu der Sammlung gehören auch Werkzeuge, Webstühle und einheimische Trachten.

Essen & Trinken: Restaurant Augustos Fantastico, Theologos, 64004 Thassos, Telefon 31397. Beliebter Touristentreff mit Livemusik. Wein aus eigener Herstellung und griechische Küche und der berühmte Spießbraten werden serviert.

Thimonia

Bekannt ist das alte Dorf im Süden der Insel für die Ruine des größten antiken Turms der Insel. Dieser hatte einen Durchmesser von 15 Metern. Etwas unterhalb des Dörfchens liegt der gleichnamige Thimonia Beach.

Tripiti

Ihren Namen verdankt die Bucht dem von der Meeresbrandung geschaffenen Durchbruch durch einen Felsen. Das von der Natur geschaffene Schwimmbecken ist nicht von ungefähr einer der beliebtesten Badeplätze der Insel. Am westlichen Teil der Bucht, die nur knapp 1.500 Meter von Limenaria entfernt liegt, wartet ein großer Strandabschnitt. Wer Ruhe und Entspannung sucht, findet jenseits des Durchbruchs schöne Ministrände. Auch wer mit dem Schnorchel unterwegs ist, wird hier einen erlebnisreichen Tag verbringen können. Gerade das Durchschwimmen des Durchbruchs bietet Groß und Klein ein schönes Abenteuer, bei dem sich auch so mancher „Schatz" ertauchen lässt.

Teil 3 – Informationen von A-Z

Allgemeine Informationen

Die Griechische Zentrale für Fremdenverkehr unterhält eigene Fremdenverkehrsämter in Deutschland, Österreich und der Schweiz. Im Internet sind Informationen unter ◉www.gnto.gr abrufbar.

Deutschland: Neue Mainzer Straße 22, 60311 Frankfurt/Main, Telefon 069-2578270 Fax 069-25782729, info@gzf-eot.de

Österreich: Opernring 8, 1010 Wien, Telefon 0043-1 51253178, Fax 0043-5139189, grect@vienna.at

Schweiz: Löwenstraße 25, 8001 Zürich, Telefon 041-1-2210105, Fax 044-2120516, eot@bluewin.ch

Apotheken

Apotheken (Griechisch = Farmakio) sind in der Regel montags bis freitags von 9 bis 14 Uhr sowie von 17 bis 20 Uhr geöffnet, wobei einige montags und mittwochs nachmittags schließen. Eine Notfallapotheke ist in den größeren Städten jedoch immer geöffnet. Infos dazu hängen in allen Apotheken aus.

Banken

Banken (Griechisch = Trapeza) und Geldinstitute sind in der Regel montags bis donnerstags von 8.30 bis 14 Uhr und freitags von 8.30 bis 13.30 Uhr geöffnet.

Briefmarken

Briefmarken sind in allen Postämtern, in den Rezeptionen vieler Hotels und an Kiosken erhältlich, wobei die Kioske (Periptero) in der Regel eine kleine Gebühr erheben. Die Hauptpost in Limenas ist montags bis freitags von 7.30 bis 14 Uhr geöffnet. Postkarten nach Deutschland, Österreich oder in die Schweiz benötigen in der Regel zwischen vier und sieben Tagen.

Busverkehr

Thassos verfügt über ein gut ausgebautes Busnetz. Aktuelle Fahrpläne sind an der Busstation in Limenas und in fast allen Hotels erhältlich. Fahrkarten werden auch in Kiosken mit einem Tel-Zeichen angeboten.

Camping

Platz für rund 100 Zelte und Wohnwagen bietet Camping Daedalos in Skala Sotiras, Telefon 58251.

Blick auf Keramoti von der Fähre aus (oben) sowie die Fassade des Flughafens in Kavala (unten)

ΦΩΤΕΙΝΗ

ΚΡΑΤΙΚΟΣ ΑΕΡΟΛΙΜΕΝΑΣ ΚΑΒΑΛΑΣ "ΜΕΓΑΣ ΑΛΕΞΑΝΔΡΟΣ"

Diplomatische Vertretungen

Deutsche Botschaft, Odos Karaóli & Dimitriou 3, 10675 Athen, Telefon 0030-(0)210-7285111, ◉www.athen.diplo.de

Österreichische Botschaft, Vasilissis Sofias 4, 10674 Athen, Telefon 0030-(0)210-7257270, ◉www.aussenministerium.at/athen

Schweizer Botschaft, Odos Iassou 2, 11521 Athen, Telefon 0030-(0)210-7230364, ◉www.eda.admin.ch/athens

Einkaufen

Die meisten Geschäfte haben montags bis samstags von 9 bis 13 Uhr und von 17 bis 21 Uhr geöffnet. Viele Geschäfte bleiben jedoch mittwochs und samstags nachmittags geschlossen. Souvenirgeschäfte, Minimärkte und Kioske sind hingegen oft an sieben Tagen der Woche geöffnet.

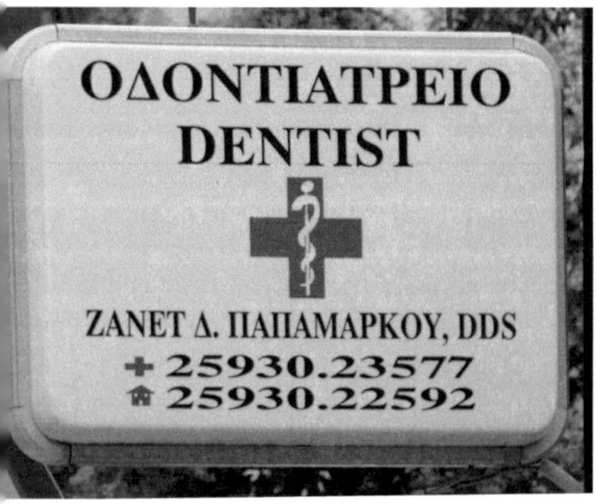

Einreise

Für die Einreise genügt ein gültiger Personalausweis. Kinder unter 16 Jahren benötigen einen Kinderausweis oder müssen im Pass der Eltern eingetragen sein.

Entfernungen

Von Thassos-Stadt aus ergeben sich folgende Entfernungen zu anderen wichtigen Orten der Insel:

Agios Georgios – 16 km
Aliki – 35 km
Archangelou – 41 km
Astris – 46 km
Kallirachi – 28 km
Limenaria – 42 km
Makryammos – 2 km
Panagia – 10 km
Pefkari – 44 km
Potamia – 12 km
Potos – 45 km
Prinos – 20 km
Rachoni – 17 km
Skala Marion – 35 km
Sotiros – 27 km
Theologos – 55 km

Fähre

Mehrmals stündlich verkehrt eine Fähre zwischen Keramoti und Thassos-Stadt. Die Überfahrt dauert je nach Verbindung zwischen 30 und 45 Minuten. Außerdem gibt es eine Schnellbootverbindung zwischen Kavala und Thassos-Stadt, Limenaria, Skala Marion und Skala Kallirachis sowie eine Fährverbindung von Kavala nach Skala Prinos. Fahrpläne und Preise können online unter ◉www.anethferries.gr und unter ◉ www.thassosferries.gr abgerufen werden.

Feiertage und Feste

1. Januar (Neujahrstag), 6. Januar (Epiphanias), 7. März (Tag der Wiedervereinigung mit Griechenland), 25. März (Nationalfeiertag), April/Mai (Orthodoxes Osterfest), 1. Mai (Tag der Arbeit), 15. August (Maria Himmelfahrt), 14. September (Heiliges Kreuz), 28. Oktober (Ochi Tag) sowie 25./26. Dezember (Weihnachten).

FKK

Offiziell ist das Nacktbaden in Griechenland verboten. An einsamen Strandabschnitten wird FKK jedoch toleriert. Auf Thassos treffen sich Nacktbader unter anderem am Paradise Beach.

Flughafen

Der nächstgelegene Flughafen, der Kavala International Airport „Megas Alexandros" („Alexander der Große"), befindet sich auf dem Festland. Von dem ehemaligen Militärflughafen, der 1987 für die zivile Luftfahrt öffnete, geht es mit Bus oder Taxi ins 14 Kilometer entfernte Kiramoti und von hier mit der Fähre nach Thassos-Stadt. Die Überfahrt dauert circa 35 Minuten.

Fotografieren

In den offenen archäologischen Ausgrabungsstätten darf nicht mit Stativ fotografiert werden. Militärische Anlagen dürfen nicht im Bild festgehalten werden.

Geldautomaten

Geldautomaten sind in (fast) allen Ferienorten sowie bei allen Banken und in verschiedenen Hotels sowie Supermärkten zu finden.

Gesundheit

Es wird empfohlen, die Europäische Krankenversicherungskarte (EHIC) oder eine entsprechende Ersatzbescheinigung der Krankenkasse mit sich zu führen. Für Arzneimittel muss ein Kostenanteil bezahlt werden. Unabhängig davon ist es ratsam, eine Auslandskrankenversicherung abzuschließen. Diese deckt die Risiken ab, die von einer gesetzlichen Krankenkasse nicht übernommen werden. Dazu zählt ein Rücktransport ins Heimatland

sowie die Behandlung durch Privatärzte oder in Privatkliniken. Ärzte und Fachärzte gibt es in (fast) allen größeren Städten. In Prinos gibt es ein Erste-Hilfe-Zentrum. Dieses ist telefonisch unter 71100 erreichbar. Das nächstgelegene Krankenhaus befindet sich auf dem Festland in Kavala.

Kurioses

Auf Thassos gibt es außer in Teilen von Thassos-Stadt keine Straßennamen.

Mietwagen

In allen touristischen Orten der Insel können Mietwagen, Motorräder, Motorroller, Quads und Geländewagen gegen Gebühr geliehen werden. Zu den Anbietern gehören unter anderem:

Europcar, 9. Meg. Alexandrou Str., Limenas, 64004 Thassos, Telefon 23776, ◉ www.europcar-thassos.gr

Auto Union Thassos, Limenas, 64002 Thassos, Telefon 22250, ◉ www.autounionthassos.gr

Easy Riders Moto Rent, Limenaria, Telefon 53338

Crazy Rollers, Skala Prinos, Telefon 71444, ◉ www.crazyrollers.com

Potos Car Rental, Potos, Telefon 52071, ◉ www.rentacarpotos.gr

Polizei

Die Polizei ist über die Telefonnummer 22112 zu erreichen.

Rauchen

Seit dem 1. Juli 2009 besteht in Griechenland ein allgemeines Rauchverbot in allen öffentlichen Gebäuden. Lokale, die größer als 70 Quadratmeter sind, dürfen einen gesonderten Raucherraum vorhalten. Kleinere Lokale müssen entweder das Rauchen vollständig verbieten oder sich als reine Raucherkneipen kennzeichnen.

Souvenirs

Beliebteste Mitbringsel sind neben Stickereien, Töpfer- und Keramikwaren vor allem Oliven, Olivenöl, Pinien-Honig, getrocknete Kräuter wie Oregano, Salbei oder Rosmarin sowie eingelegte Früchte und Nüsse. Auch Ouzo und Metaxa stehen ganz oben auf der Einkaufsliste vieler Besucher. Lohnend ist auch der Kauf von Goldschmuck, der hier deutlich günstiger angeboten wird als in Westeuropa.

Sprache

Landessprache ist Griechisch, aber auch Englisch ist vor allem in Hotels, Restaurants und touristischen Einrichtungen weit verbreitet.

Strom

Die Netzspannung beträgt 230 Volt, Adapter sind nicht notwendig. Die normalen Stecker können problemlos verwendet werden.

Taxi

Für Taxifahrten auf Thassos gelten Festpreise. Eine entsprechende Liste hat der Taxifahrer mitzuführen, wobei für Nachtfahrten und Fahrten mit Gepäck Zuschläge erhoben werden. Ist das Fahrtziel nicht auf der Liste vermerkt, sollte der Fahrpreis vor Fahrtantritt abgestimmt werden.

Telefon

Die internationale Telefonvorwahl für Griechenland lautet 0030, die Vorwahl für Thassos 025930. Für Gespräche nach Deutschland ist die 0049 gefolgt von der Ortsvorwahl ohne Null und der jeweiligen Rufnummer zu wählen. Die Vorwahl für Österreich lautet 0043, die für die Schweiz 0041. Telefonkarten sind in Kiosken und Minimärkten erhältlich.

Thassos im Internet

Weitere deutsch- und englischsprachige Infos zu Thassos finden sich auf folgenden Internetseiten:

- www.thassos-island.de
- www.thassos.net
- www.gothassos.com
- www.thassos-island.eu
- www.discoverthassos.com
- www.go-thassos.gr

Toiletten

Die Kanalisation auf Thassos ist mit ihren dünnen Abflussrohren größtenteils nicht auf Toilettenpapier ausgelegt. Daher müssen Toilettenpapier, Damenbinden etc. in die neben der Toilette aufgestellten Abfalleimer geworfen werden, um Rohr-Verstopfungen zu vermeiden.

Trinkgeld

Service und Steuern sind in Hotel- und Restaurantrechnungen bereits inbegriffen. Bei gutem Service ist ein Trinkgeld von etwa zehn Prozent der Rechnungshöhe durchaus üblich.

Übernachten

Als ausgesprochene Ferieninsel bietet Thassos Unterkünfte aller Art und für jeden Geldbeutel. Der Bogen spannt sich vom einfachen Zimmer oder Apartment bis hin zum Fünf-Sterne-Hotel, von der Frühstückspension bis hin zum All-Inclusive-Angebot. Empfehlungen zu Hotels und Unterkünften finden sich im Anschluss an die einzelnen Kapitel zu den Orten und Gemeinden der Insel.

Verkehr

Die zulässige Höchstgeschwindigkeit beträgt innerhalb geschlossener Ortschaften 40 und außerhalb geschlossener Ortschaften 90 km/h. Es besteht Anschnallpflicht und Helmpflicht für Motorradfahrer, obschon diese oft einfach ignoriert wird. Die Promillegrenze liegt bei 0,25 Prozent.

Insbesondere bei Fahrten durch die kleinen Dörfer und Städtchen der Insel ist immer wieder mit Eseln, Schafen oder Ziegen zu rechnen, die unvermittelt die Fahrbahn kreuzen.

Tankstellen sind in der Regel von 8 bis 21 Uhr geöffnet. Viele Tankstellen der Insel sind nachts, an Samstagnachmittagen und sonntags geschlossen.

Idyllisch gelegene Bushaltestelle - mit Blick aufs Meer macht Warten mehr Spaß...

Währung

Zahlungsmittel ist der Euro. Dieser heißt auf Griechisch Evro. Die Cents werden auf Griechisch Lepta genannt.

Wasser

Thassos verfügt über eigenes Quellwasser, das problemlos getrunken werden kann. Allerdings ist das Wasser oft sehr kalkhaltig.

Zeitunterschied

Der Zeitunterschied zu Deutschland, Österreich und der Schweiz beträgt ganzjährig plus 1 Stunde.

Zoll

Innerhalb der EU dürfen folgende Waren für den persönlichen Gebrauch zollfrei eingeführt werden: 800 Zigaretten, 400 Zigarillos, 200 Zigarren, ein Kilogramm Rauchtabak, zehn Liter Spirituosen, 20 Liter Likör oder Wermutwein, 90 Liter Wein (davon allerdings höchstens 60 Liter Schaumwein) und 110 Liter Bier. Für die Schweiz gilt: 200 Zigaretten oder 50 Zigarren oder 250 Gramm Pfeifentabak, ein Liter Spirituosen über 15 Prozent Alkoholgehalt oder ein Liter Spirituosen bis 15 Prozent Alkoholgehalt.

Teil 4 - Anhang

Sprachhilfe

Allgemein

ja .... ne
nein .... ochi
danke ....efcharistó
bitte......................parakaló
heute.......................símera
morgen ....ávrio
viel ....polì
wenig ....lígo
Entschuldigung..........singnómi
Sprechen Sie Deutsch? ..... Miláte
........................germaniká?
Ich heiße .... Mé léne

Begrüßung

Guten Morgen/Tag ....kaliméra
Guten Abend ....kalispéra
Gute Nacht..............kaliníchta
Hallo ....jássu
Tschüss.....................addío

Unterwegs

Wo ist denn…? ....pu ìne…?
geradeaus................. efthían
links .... aristerá
rechts .... deksjá
Straße.....................drómos
Auto.....................aftokínito
Diesel ....petréleo
Benzin.....................wensíni
Bus.........................leoforío
Fahrkarte.....................isitírio
Haltestelle............... stathmós
Hafen....................... limáni
Schiff...................... karáwi
Flughafen ....aerodrómio
Abfahrt................ anachórisis
Ankunft ....áfixis

Im Restaurant

geöffnet .... aniktó
geschlossen .... klistó
Speisekarte..............katálogos
Vorspeise.................. oretikó
Pfeffer.........................pipéri
Salz............................ aláti
Was kostet das?........Pósso káni aftó?
Rechnung ....ogarjasmó
Bier.............................birá
Wasser ....neró
Kaffee ....néskafe
Mokka.................... kafedáki
Milch .... gála
Tee ....sái
Prost!.......................jíamas

Notfall

Hilfe.........................voíthia
Apotheke..................farmakío
Arzt ....jatrós
Zahnarzt...............odontíatros
Krankenhaus ....nosskomío
Polizei ....astinomía

Unfall ... átichima
Panne ... pánna
Durchfall ... diária
Verstopfung ... diskiljótita
Fieber ... piretós
Kopfschmerzen ... ponokéfalos
Zahnschmerzen ... ponódontos
Sonnenbrand ... égawma

Zahlen

Eins ... ena
Zwei ... dío
Drei ... tría
Vier ... téssera
Fünf ... pénde
Sechs ... eksi
Sieben ... eftá
Acht ... oktò
Neun ... eneá
Zehn ... déka
Zwanzig ... íkosi
Dreißig ... triánda
Vierzig ... sarránda
Fünfzig ... penínda
Sechzig ... exínda
Siebzig ... efdomínda
Achtzig ... ogdónda
Neunzig ... enenínda
Hundert ... ekató
Tausend ... chília

Bildnachweis

Alle Bilder stammen von Ulrike Katrin Peters und Karsten-Thilo Raab.

Über die Autoren

Ulrike Katrin Peters und Karsten-Thilo Raab berichten als Journalisten, Autoren und Fotografen in Wort und Bild über Destinationen und Reiseziele weltweit. Von ihnen stammt unter anderem auch das ebenfalls beim Westflügel Verlag erschienene Kos Reisehandbuch (ISBN 978-3-939408-09-3).

Register

Agios Georgios 24
Aliki 24
Apotheken 52
Archangelou 25
Astris 26
Banken 52
Briefmarken 52
Busverkehr 52
Camping 52
Deutsche Botschaft 54
Diplomatische Vertretungen 54
Einkaufen 54
Einreise 54
Fähre 54
Feiertage 55
FKK 55
Flughafen 55
Fotografieren 55
Geldautomaten 55
Gesundheit 55
Giola 16
Glifoneri 14, 16
Golden Beach 40, 43
Ilias 27
Ipsarion 8, 11, 35
Kallirachi 26
Kazavati 29
Kimesis Tis Theotokou 31
Kinira 31
Klisma 31
Limenas 21
Limenaria 31
Löwenherz, Richard 36
Makryammos 32
Maries 35
Megalo Kasaviti 35
Mikro Kasaviti 35
Mietwagen 56
Neos Prinos 36
Österreichische Botschaft 54
Pachis 36
Panagia 36
Paradise Beach 16, 31
Pefkari 38
Polizei 57
Potamia 39
Potos 40
Prinos 41
Psili Ammos 26
Rachoni 41
Radwege 16
Rauchen 56
Reiten 16
Schweizer Botschaft 54
Skala Kallirachis 42
Skala Marion 42
Skala Panagia 43
Skala Potamia 43
Skala Prinos 44
Skala Sotiras 49
Sotiros 49
Souvenirs 56
Sprache 57, 60
Strom 57
Taxi 57
Telefon 57
Thasopoulo 8
Thassos-Stadt 21
Theologos 50

Thimonia.....51
Toiletten.....58
Trinkgeld.....58
Tripiti.....51
Übernachten.....58
Vagis-Museum.....39
Vagis, Polygnotos.....39
Verkehr.....58
Währung.....59
Wandern.....17
Wasser.....59
Windsurfen.....16
Zeitunterschied.....59
Zoll.....59